Direction éditoriale : Jannie Brisseau
Coordination éditoriale : Agnès Besson
Direction artistique : Bernard Girodroux, Anne-Catherine Souletie
Couverture : Muriel Kerba

Conseiller scientifique : Philippe Guidoux

Conforme à la loi n° 49 956 du 16 juillet 1949
sur les publications destinées à la jeunesse

N° d'éditeur : 10041457 - (III) - (30) - CSBTS-200
Dépôt légal : septembre 1997
Impression et reliure : Pollina s.a., 85400 Luçon - n° 72354
ISBN : 2-09-250101-1

PETIT MEGA

des animaux

Pages 8 à 25 et 44 à 51 illustrées par Patrizia Donaera

Couverture et pages 26 à 43 illustrées par Anne Eydoux

Pages 52 à 61, 70 à 77 et 84 à 91 illustrées par Jean-Marc Pariselle

Pages 62 à 69 et 78 à 83 illustrées par Mark Viney

Vignettes illustrées par Claire Landais

NATHAN

SOMMAIRE

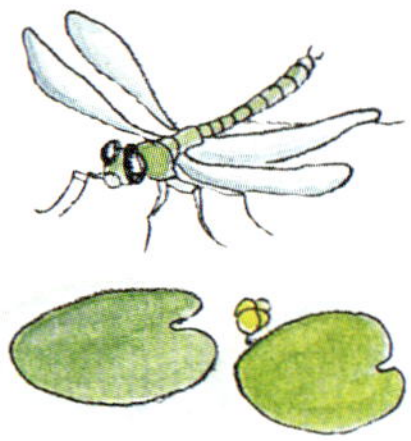

À LA FERME

Quelle animation
dans la ferme !
Promène-toi
dans **LA MAISON,**
LA BASSE-COUR,
L'ÉTABLE,
LA PORCHERIE,
LES PRÉS,
et découvre
les animaux
qui y vivent.

DANS LA MAISON

Le cochon d'Inde
est un gros gourmand.
Il se régale
de légumes et de pain.

À la ferme,
le chien aide souvent
à mener le troupeau
de vaches.

Les chatons viennent de naître et n'ont pas encore ouvert les yeux. Ils tètent presque aussitôt leur maman, la chatte.

Les chatons adorent jouer. Tout ce qui bouge les attire.

LA BASSE-COUR

Au lever du soleil, le coq chante et réveille la ferme.

Pour avoir des poussins, la poule doit couver ses œufs.

Pour sortir de l'œuf, le poussin casse la coquille avec son bec.

Pour faire le beau,
le dindon fait la roue.

À toi de jouer !
Voici des plumes
appartenant
à différents oiseaux
de la basse-cour.
Sais-tu laquelle
appartient au dindon ?

plume de dindon

plume de coq

plume de cane

DANS L'ÉTABLE ET LA PORCHERIE

Le petit veau
tète le lait de sa mère
pour se nourrir.

Quand le veau
ne tète plus,
le fermier peut traire
la vache
deux fois par jour,
souvent avec
une trayeuse électrique.

À l'heure de la tétée, les porcelets se précipitent pour se faire une place.

Les cochons ne sont pas difficiles. Ils mangent de tout : maïs, blé, pommes de terre, restes de repas…

Dehors, les cochons se roulent dans la boue pour se débarrasser des petites bêtes.

DANS LES PRÉS

Les vaches mangent de l'herbe qu'elles mâchent très lentement : on dit qu'elles ruminent.

Une fois par an avant l'été, on tond les moutons pour récupérer la laine.

L'agneau est le petit
du bélier et de la brebis.
Les agneaux naissent
souvent au printemps.

Pendant l'hiver,
les animaux rentrent
au chaud et sont
nourris de fourrage.

le trèfle

la luzerne

l'avoine

À LA CAMPAGNE

À travers
la campagne,
petits animaux
et oiseaux
ont élu domicile
dans **LA HAIE** *ou*
dans **LES CHAMPS.**

DANS LA HAIE

Le campagnol se régale de racines mais aussi de feuilles et de céréales. Le muscardin est prêt à toutes les acrobaties pour grignoter baies et fruits rouges.

La coccinelle vient dans la haie se nourrir des pucerons.

Le hérisson se blottit au pied de la haie pendant la journée avant de partir chasser à la nuit tombée.

Amuse-toi à faire une course d’escargots avec des copains. Un jour où il a plu, allez chercher des escargots. Après les avoir marqués avec des points de couleur, posez-les sur une surface lisse et mettez au bout du parcours une feuille de salade. La course peut commencer ! Il ne reste plus qu’à prendre les paris sur l’escargot gagnant.

LES OISEAUX DE LA HAIE

Le coucou ne construit pas de nid. Il pond son œuf dans le nid d'un autre oiseau.

C'est cet autre oiseau qui nourrira le petit coucou.

Dans la haie,
la mésange a trouvé
tout ce qu'il lui fallait
pour construire son nid.

**La linotte
mélodieuse**
construit
son nid
dans les haies
touffues.

Le rouge-gorge construit
son nid de feuilles mortes et
de mousse sur le sol à l'abri des racines
et des branchages.

DANS LES CHAMPS

Le lièvre a de grandes oreilles droites et se déplace en faisant de grands bonds. Il creuse son gîte dans le sol.

Le lapin de garenne a de petites oreilles rondes. Il avance par petits bonds en zigzaguant et vit dans un terrier.

Le rat des moissons est très agile. Il court le long des tiges de céréales. Il peut même se suspendre par la queue.

Quand elle chasse,
la belette se dresse sur
ses pattes arrière pour
observer les alentours.

Elle va chercher
les mulots jusqu'au fond
de leur galerie.
Elle est capable
de se faufiler dans
des trous minuscules.

Pour échapper au renard, les petits lapins se sont bien cachés. Peux-tu les retrouver dans l'image ?

Dans la forêt

Au cœur
du **SOUS-BOIS,**
SUR ET SOUS
LE SOL,
dans
LES ARBRES,
la forêt
est pleine
de vie.
Beaucoup
d'animaux
y trouvent
un abri.

SOUS LA TERRE ET SUR LE SOL

À toi de jouer !
Combien de pattes a :

le mulot

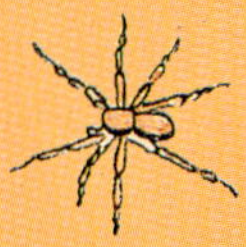
l'araignée

la bécasse

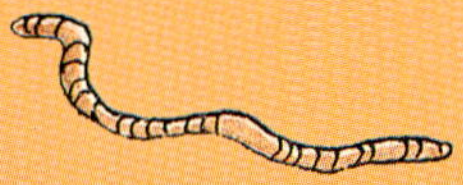
le ver de terre

Le blaireau creuse de nombreuses galeries sous la terre.

Le mulot fait des provisions de nourriture qu'il entasse dans son terrier.

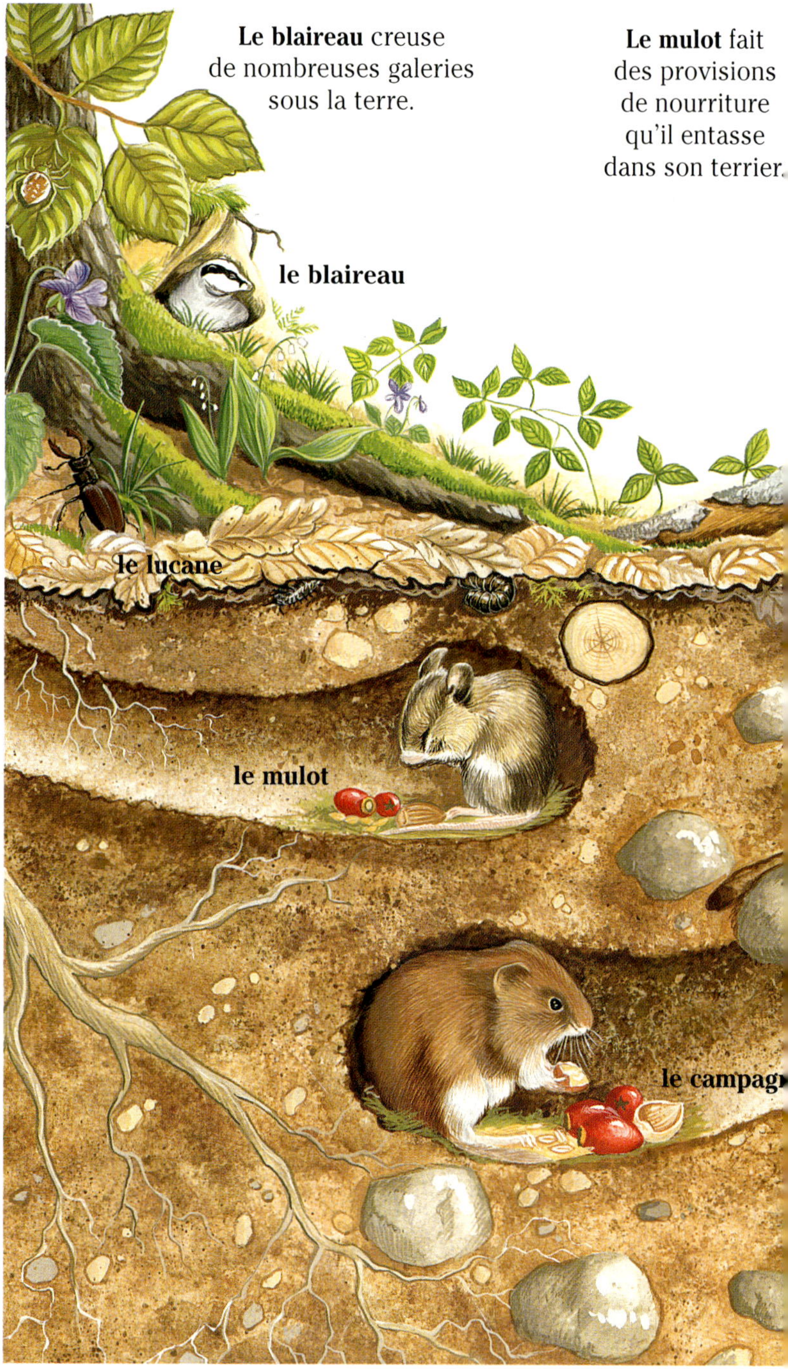

La bécasse fouille sous les feuilles mortes avec son bec pour trouver des vers de terre et des insectes.

L'araignée tisse sa toile en fil de soie.
Elle accroche un premier fil entre deux supports.
Quand ce fil est tendu, l'araignée met en place le cadre de sa toile.
Puis, elle trace des rayons qui se rejoignent au centre.

Dans cette toile collante, l'araignée prend au piège les insectes dont elle se nourrit.

DANS LE SOUS-BOIS

La nuit, beaucoup d'animaux de la forêt sortent de leurs cachettes.

Le sanglier part en trottant chercher sa nourriture. Avec son groin, il fouille la terre pour y trouver des racines et des vers de terre.

Le chevreuil, resté caché pendant la journée, sort à la nuit tombée.

La martre au regard perçant part chasser les rongeurs, surtout les écureuils.

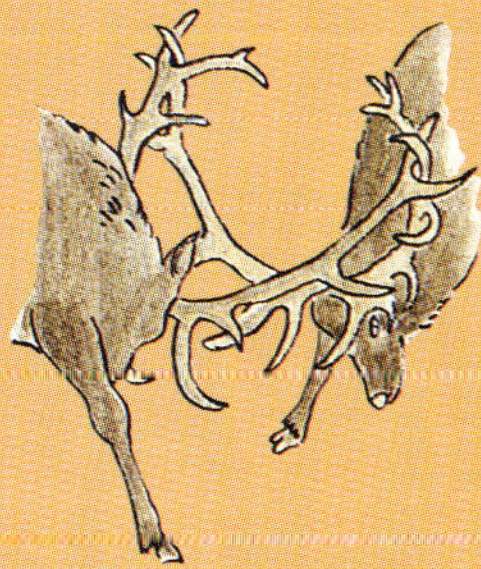

Pour conquérir les femelles, les cerfs combattent avec leurs bois. À la saison des amours, en automne, on entend leur cri très profond, le brame.

Un des petits marcassins a perdu sa maman, la laie. Le vois-tu dans l'image ? Montre-lui le chemin.

DANS LES ARBRES

Pendant la journée,
la chouette hulotte rest
cachée dans
un tronc d'arbre.

L'écureuil construit
son nid tout
en haut de l'arbre.
Avant l'hiver,
il fait ses provisions
de glands, noix...
Il est capable de retrouver
ses cachettes même
sous la neige.

Le pic épeiche creuse
le tronc à coups
de bec pour attraper
les insectes
qui s'y cachent.

Le picvert
se nourrit à terre
de fourmis mais il
grimpe souvent dans
les arbres.

La nuit,
la chouette hulotte sort
de son trou d'arbre pour
chasser les rongeurs.
Elle guette ses proies avec
ses grands yeux ronds.

À l'automne
quand les glands tombent
des arbres, le geai
en attrape un grand
nombre et les cache
dans le sol pour les
manger plus tard.

La sittelle n'a pas
le vertige. Elle descend
le long des troncs d'arbre,
la tête en bas
en s'agrippant avec
ses ongles.

AU BORD DE LA RIVIÈRE

Poissons,
oiseaux
et insectes
animent
LES FONDS
et **LES BERGES**
de la rivière.

AU FOND DE L'EAU

En cas de danger, le papa épinoche prend ses petits dans sa bouche pour les protéger.

La carpe fouille la vase pour trouver des larves d'insectes et des vers.

Pour attraper son repas le cincle plongeur marche au fond de l'eau. Le vois-tu dans l'image ?

Les saumons sont de grands voyageurs. Ils vivent en mer, mais remontent jusqu'à la rivière où ils sont nés pour pondre leurs œufs. Ils sont capables de faire des sauts de plusieurs mètres pour remonter les rivières.

SUR L'EAU

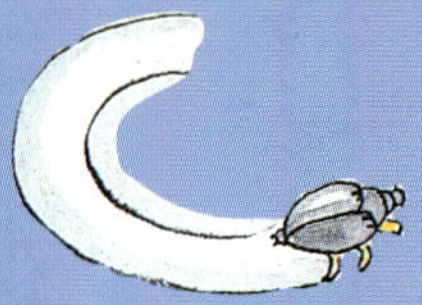

Quel drôle d'insecte, le gyrin ! Il tourne à toute vitesse sur la surface de l'eau. On l'appelle aussi tourniquet.

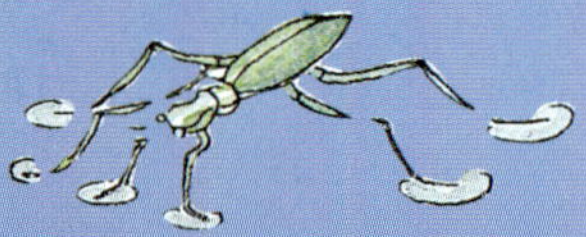

Grâce à sa légèreté, le gerris est capable de marcher sur l'eau.

Le castor est un véritable architecte. Il construit sa hutte en travers de la rivière avec des branches. L'entrée de la hutte se trouve sous l'eau.

À toi de jouer !
Regarde bien
ces silhouettes
et en t'aidant
de la grande image,
essaie de retrouver
à quels animaux
elles appartiennent.

la poule d'eau

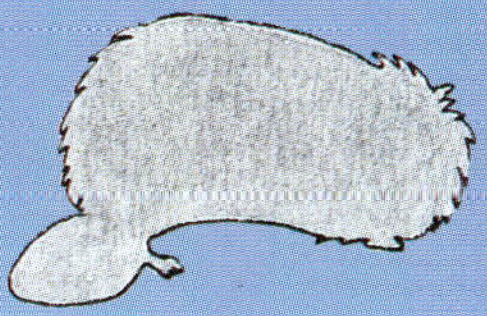

le castor

la grenouille

SUR LES BERGES

Le ragondin creuse son terrier dans une berge. L'entrée se trouve au ras de l'eau.

Le rat musqué est un très bon nageur. L'entrée de son terrier se situe sous l'eau.

Grâce à ses pattes palmées, la loutre nage très vite. Elle peut facilement attraper grenouilles, poissons et crustacés.

Pour faire naître ses petits, la loutre creuse une cache sur la berge.

AU-DESSUS DE L'EAU

Immobile sur une branche, le martin-pêcheur observe l'eau jusqu'à ce qu'il repère un poisson.

Puis il prend son envol,

et plonge à la vitesse d'un éclair pour saisir le poisson dans son bec.

La libellule va et vient
au-dessus de l'eau
et mange toutes les petites
bêtes qu'elle peut attraper.

La rousserolle tresse
son nid entre des roseaux.
Pendant que les parents
chassent, les petits
attendent dans le nid.

En montagne

Des animaux
très différents
vivent
en montagne :
les bouquetins
et les chamois
escaladent
agilement
LES PAROIS,
les marmottes
jouent
en attendant
l'hiver,
les oiseaux
survolent
LES SOMMETS...

SUR LES SOMMETS

*À toi de jouer !
Voici les traces
de quelques animaux
de la montagne.
À toi de retrouver
qui a laissé ses traces
dans la grande image.*

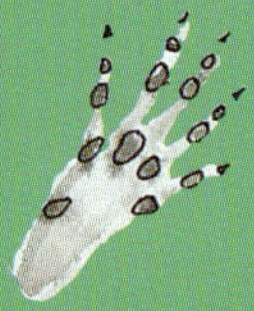

la marmotte

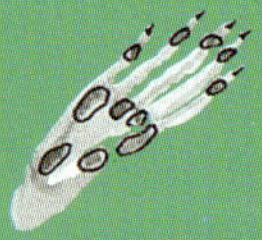

le lièvre variable

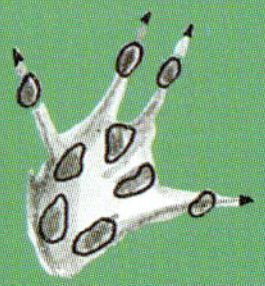

le campagnol des neiges

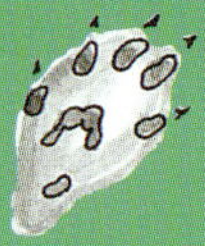

l'hermine

En hiver, le pelage de l'hermine devient blanc.
Seul le bout de sa queue reste noir.

Le lièvre variable devient, lui aussi, blanc en hiver.
C'est le bout de ses oreilles qui reste noir.

Au printemps et en été, les marmottes vivent dehors en colonies. Elles se préparent pour l'hiver. Elles se régalent d'herbe pour être bien grasses, l'hiver venu.

Dans le terrier qu'elles ont creusé, elles font un tapis d'herbes sèches. Après avoir fermé l'entrée de l'intérieur, elles n'ont plus qu'à se mettre en boule et à attendre le printemps.

SUR LES PAROIS

Les chamois sont très agiles. Ils escaladent les parois rocheuses avec beaucoup de facilité.

les mouflons

Le bouquetin est une chèvre sauvage.
Il se nourrit de plantes et de jeunes pousses.

Le mouflon est un mouton sauvage. Le mâle a de belles cornes enroulées sur elles-mêmes.

DANS LES AIRS

Quand il chasse, l'aigle royal survole silencieusement la montagne et fonce sur la proie qu'il a repérée pour la saisir dans ses serres.

L'aigle royal construit son nid sur un replat de la falaise, bien à l'abri.

Le tichodrome échelette aime se réfugi dans les creux de rocher. C'est là qu'il construit son nid de mousse et de brindilles garni de plumes.

Le lagopède vit sur le sol.
Il pond ses œufs dans un creux au pied d'un rocher.

La nuit, en hiver,
les mésanges
dorment serrées
les unes contre les autres
pour éviter d'avoir froid.

En hiver, le lagopède
se camoufle grâce à
son plumage devenu blanc.

EN BORD DE MER

À marée haute
ou à marée
basse, dans
LES FONDS,
dans
LES FLAQUES,
dans
LES AIRS,
ou dans
LES EAUX CHAUDES,
le bord de mer
accueille
des animaux
étonnants.

AU FOND DE LA MER

Le cormoran plonge
très profond
pour attraper sa proie.

Après être sorti de l'eau,
il déploie ses ailes
pour les faire sécher.

Les harengs se déplacent toujours en groupes
que l'on appelle des bancs.

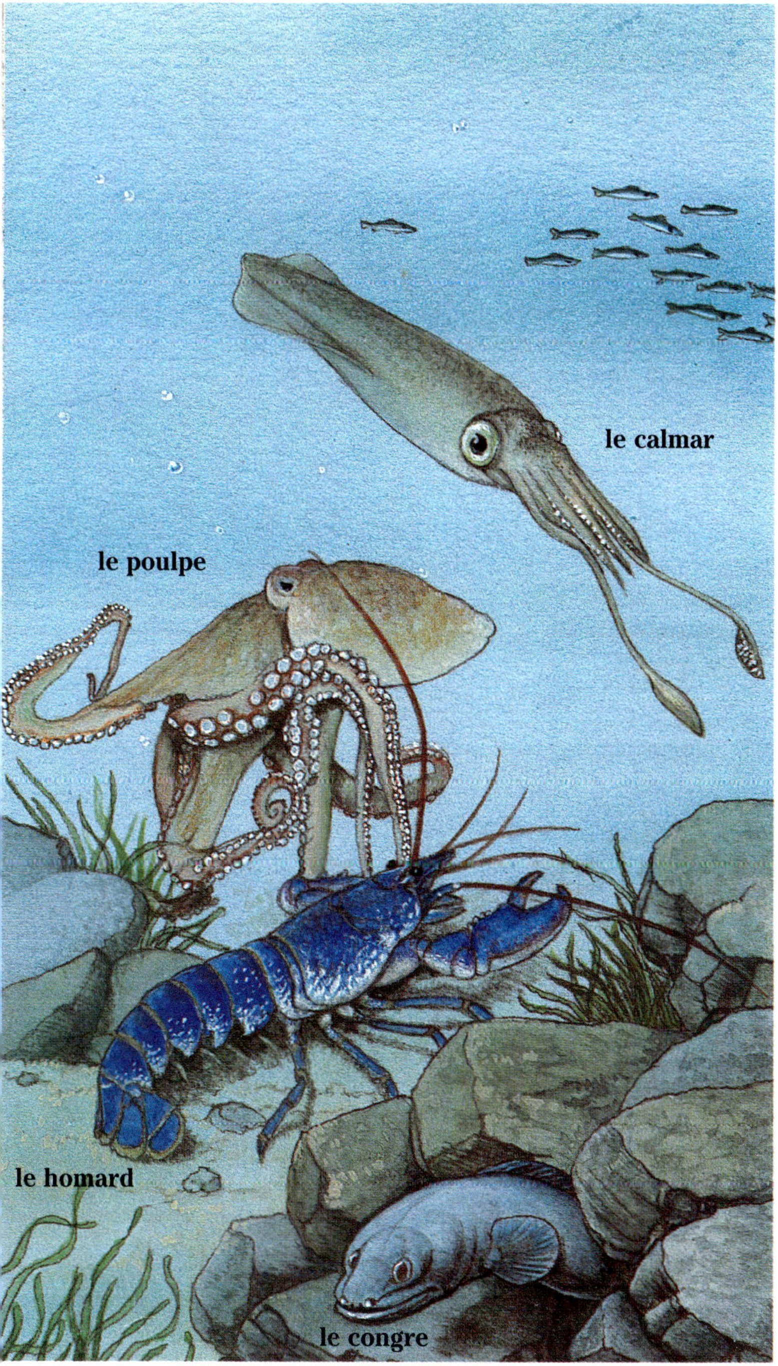

Le homard s'aide
de ses pinces pour manger
sa nourriture.

Le poulpe attrape ses proies,
crabes et homards
dans ses huit longs
tentacules et les ramène
ainsi vers sa bouche.

DANS LES FLAQUES

Le bernard-l'ermite
a un corps tout mou.
Pour le protéger,
il va habiter
dans une coquille vide.

L'étoile de mer se déplace
à l'aide de ses cinq bras.
Quand l'un d'eux
se casse, il repousse.

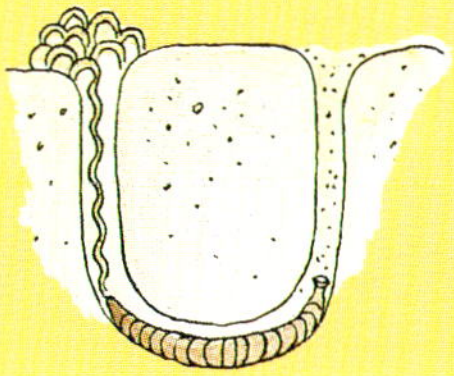

Les vers arénicoles
aspirent le sable
pour se nourrir, puis
le rejettent en tortillons.

Attention à ne pas marcher
sur un oursin ! Son corps
est couvert d’épines.

La coque vit cachée
dans le sable ne laissant
apparaître que deux petits
trous pour respirer.

LES OISEAUX MARINS

Le goéland pond ses œufs dans un creux de falaise. Les œufs tachetés se confondent avec le rocher.

Les jeunes goélands, au plumage foncé et tacheté, picorent sur le bec de leurs parents pour se nourrir.

Les goélands et les mouettes accompagnent les bateaux des pêcheurs au retour de la pêche, prêts à voler quelques poissons pour un bon rep.

Le couple de fous de Bassan construit son nid sur les falaises avec des algues.

Les sternes creusent dans le sable un nid qu'elles tapissent d'herbes.

DANS LES MERS CHAUDES

Les poissons-clowns vivent en couple au cœur d'une anémone, bien à l'abri de leurs ennemis.

Le poisson-perroquet broute les coraux et coupe les algues avec sa bouche en forme de bec.

La rascasse volante utilise ses nageoires comme un filet pour capturer ses proies.

Eh oui ! C'est un poisson.
Le poisson-pierre
se camoufle
en se confondant
avec les rochers
qui l'entourent. Attention,
il est venimeux !

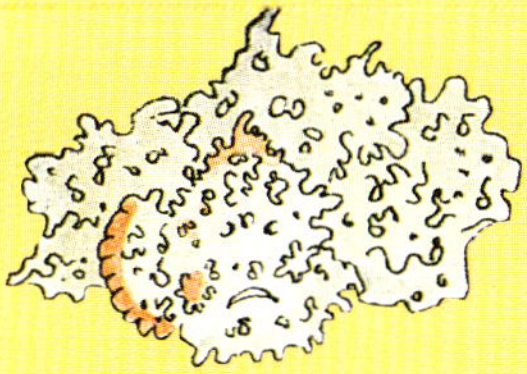

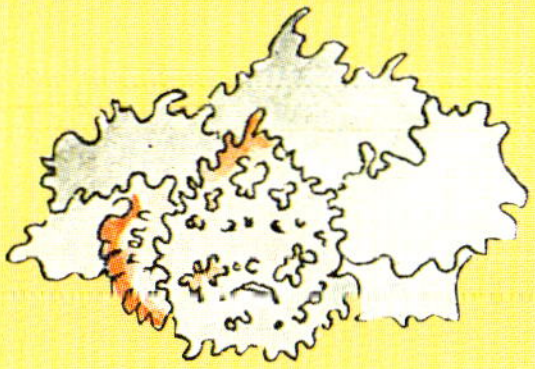

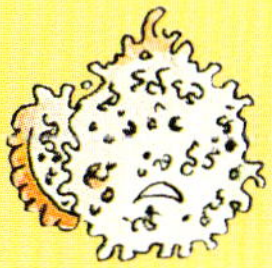

À toi de jouer !
Il y a 3 poissons-pierres
cachés dans
la grande image.
Amuse-toi à les retrouver.

DANS LA SAVANE

Dans la savane sèche, certains animaux viennent se rafraîchir **AU BORD DE LA MARE,** *pendant que d'autres font la sieste* **À L'OMBRE DES ARBRES.**

LES OISEAUX DE LA SAVANE

Les cigognes n'aiment pas trop le froid. À l'automne, elles s'envolent en petits groupes pour aller passer l'hiver dans la chaude savane africaine.

Au printemps, elles sont de retour et viennent nicher sur les toits des maisons ou dans de vieux arbres.

Les aigrettes pêchent poissons et grenouilles dans la mare.

Drôle d'oiseau que l'autruche : elle est incapable de voler, mais court très vite. C'est le plus grand oiseau du monde.

DANS LA MARE

Les éléphants adorent se baigner. Ils aspirent l'eau dans leur trompe…
… et jouent à s'arroser.

Le rhinocéros aime se rouler dans la boue des mares pour se débarrasser des insectes.

L'hippopotame reste dans l'eau toute la journée, ne laissant apparaître que ses yeux et ses oreilles.

À toi de jouer !
Dans la baignoire,
à la piscine
ou dans la mer,
amuse-toi à imiter :

l'hippopotame,
qui avance lentement
avec les yeux
au ras de l'eau.

l'éléphant qui fait
jaillir l'eau
de sa trompe.

À L'OMBRE DES ARBRES

À la tombée du jour, les lionnes partent chasser. À l'affût, elles guettent leurs proies, gazelles ou antilopes.

Puis, elles s'approchent tout doucement sans se faire remarquer le plus près possible.

Enfin, elles bondissent sur leur proie et la tuent en la mordant à la gorge.

La famille lion passe la journée à faire la sieste à l'ombre des arbres. À l'heure de la chasse, les lions restent avec les petits lionceaux.

Observe la grande image et rends à chacun son pelage.

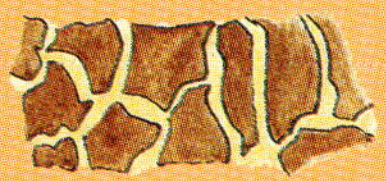

Grâce à son long cou, la girafe peut facilement atteindre les plus hautes feuilles des arbres de la savane. Elle les attrape en enroulant sa longue langue noire autour.

DANS LA JUNGLE

La jungle est
pleine
de mystères.
DANS LES LIANES,
AU CŒUR DE
LA FORÊT
et **DANS L'EAU**
DU MARÉCAGE
se cachent
de nombreux
animaux.

DANS LES LIANES

Le paresseux vit au ralenti. Suspendu à une branche d'arbre, il dort dix-huit heures par jour. Il mange les feuilles qui sont à portée de ses pattes. Quand il n'y en a plus, il monte plus haut.

La maman paresseux donne naissance à son petit dans l'arbre. Le bébé paresseux reste avec sa maman pendant neuf mois.

Les singes-hurleurs sont les animaux les plus bruyants de la jungle. On entend leurs cris perçants jusqu'à 3 km à la ronde.

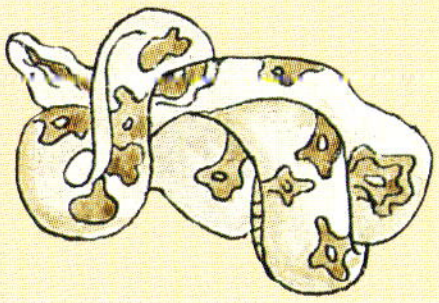

Le boa ne mord pas ses proies. Il les étouffe en s'enroulant autour d'elles.

Joue avec des copains. L'un de vous mime un animal de la jungle (boa, ouistiti, ara…). Aux autres de deviner de quel animal il s'agit. C'est à celui qui a trouvé de mimer un animal à son tour.

AU CŒUR DE LA FORÊT

Le corps du tatou est couvert d'une carapace. Pour se défendre, le tatou se roule en boule.

Le tapir est un animal nocturne et timide. Il utilise sa petite trompe pour manger.

Le tamanoir se nourrit
de fourmis et de termites.
Après avoir creusé
une ouverture
dans la fourmilière,
il y enfonce son museau
et attrape les fourmis
avec sa langue collante.

Le jaguar chasse de nuit
les pécaris, les tapirs
ou les singes. Il bondit
sur ses proies et les mord
au cou pour les tuer.

DANS L'EAU DU MARÉCAGE

Pour faire peur
à ses ennemis, le caïman
ouvre grand sa gueule,
montrant ainsi
sa terrible mâchoire
aux dents aiguisées.

Le corps du caïman est
recouvert d'une peau
très dure. Il peut rester très
longtemps immobile.
À terre, on le confond
avec un tronc d'arbre.

*Combien vois-tu
de caïmans dans l'image ?*

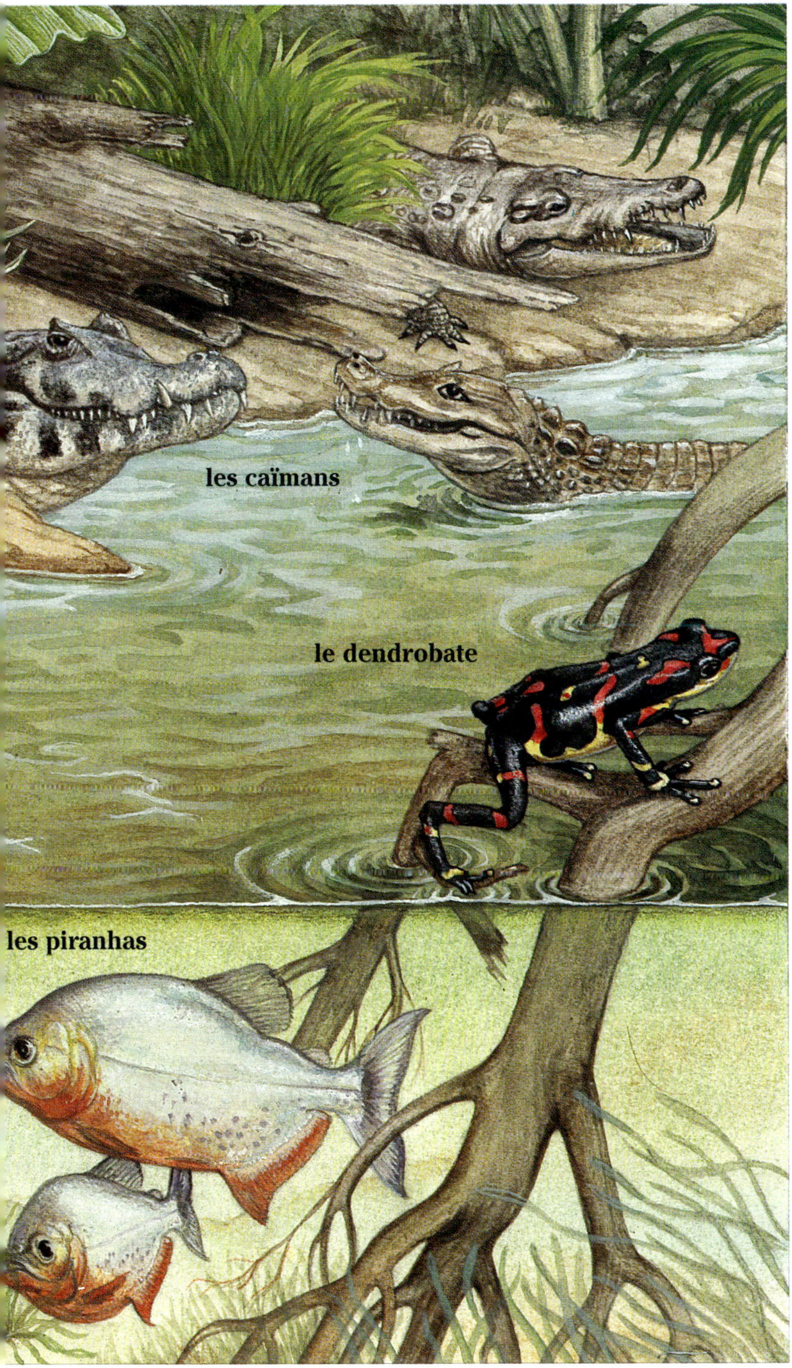

Le piranha est plus dangereux qu'il n'y paraît. Il peut dévorer une proie en ne laissant que les os.

L'anaconda se tient prêt à attaquer les animaux qui viennent boire l'eau du fleuve.

DANS LE DÉSERT

Dans le désert,
les animaux
restent
à l'abri
de la chaleur
pendant
la journée
et partent
chasser à
la nuit tombée.

SOUS ET SUR LE SABLE

Le désert est bien calme pendant la journée. Pour se protéger de la chaleur, chaque animal a trouvé sa solution.

Le fennec au pelage couleur sable a de très grandes oreilles qui lui permettent de se rafraîchir. Pour ne pas perdre d'eau, il ne transpire pas.

La vipère des sables tortille son corps pour rentrer dans le sable. Une trace en S indique l'endroit où elle se cache.

L'addax se couche à l'ombre après avoir creusé un trou au pied d'un arbuste.

La gerboise creuse des galeries tapissées d'herbes sèches. Elle reste toute la journée dans son terrier.

DANS LA NUIT

Pendant la nuit,
le désert s'anime.
Les animaux sortent
en quête de nourriture.

Le chacal doré
se nourrit de carcasses
d'animaux morts.

Le fennec chasse surtout
la nuit les insectes
et les petits rongeurs.

Le chat sauvage part chercher son repas. Il peut attaquer la vipère en faisant des bonds pour éviter les morsures.

Puis il l'assomme à coups de pattes et de griffes avant de la manger.

DANS LES PAYS FROIDS

SUR LA BANQUISE,
DANS L'EAU
ou **LA TOUNDRA,**
les animaux
sont bien équipés
pour se protéger
du froid.

SUR LA BANQUISE

Les ours blancs
ne sont pas frileux.
Leur épaisse fourrure
graisseuse les protège
bien de l'eau glacée.

L'ours blanc se nourrit
essentiellement
de phoques. Il attend
devant le trou par lequel
le phoque monte
pour respirer
et l'attrape dès qu'il sort.

Les défenses du morse
lui sont bien utiles.
Elles lui servent à déterrer
les coquillages au fond
de la mer mais aussi
à combattre ses ennemis
et défendre ses petits.

DANS LES EAUX FROIDES

La baleine ne peut pas rester très longtemps sous l'eau. Elle doit remonter à la surface pour reprendre son souffle.

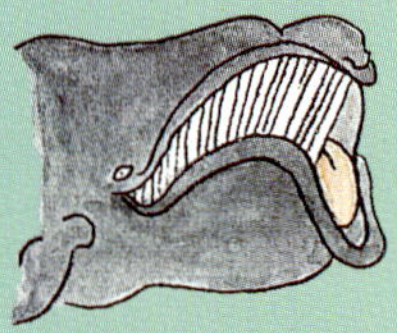

Pour la naissance de son petit, la baleine part vers des mers plus chaudes. À peine sorti du ventre, le baleineau, aidé par sa mère, monte à la surface pour respirer. Puis il vient téter le lait de sa mère.

Dans les mers froides, la baleine bleue se gave de crevettes. Son épaisse couche de graisse la protège bien contre le froid.

Le phoque passe beaucoup de temps dans l'eau.
Il pêche des poissons mais il aime aussi jouer dans les vagues.

L'orque est un gros dauphin noir et blanc. Elle fait des sauts étonnants au-dessus de l'eau.

Pour nager, le bébé orque se place contre le flanc de sa mère. Il est ainsi bien protégé.

DANS LA TOUNDRA

En hiver, le lièvre polaire devient tout blanc. Il se confond ainsi avec la neige.

La chouette harfang est bien protégée contre le froid. Elle a des plumes jusqu'au bout des pattes.

Le bœuf musqué ne risque pas d'avoir froid. Sa toison de laine est recouverte de longs poils qui touchent presque le sol.

Pendant l'été, le caribou se gave de plantes et d'herbes. Il est ainsi bien gras et prêt à résister au froid de l'hiver.

À toi de jouer !
Parmi ces quatre animaux, il y a un intrus. Sais tu lequel ?

le bœuf musqué

le caribou

le renard

l'otarie

INDEX